AF450841

DU
DROIT DE MOUTURE

PERÇU

PAR LES MEUNIERS;

MOYENS D'EN RÉPRIMER LES ABUS.

Imprimerie de Madame Huzard (née Vallat la Chapelle),
rue de l'Éperon, n°. 7.

DU DROIT
DE MOUTURE

PERÇU

PAR LES MEUNIERS;

MOYENS D'EN RÉPRIMER LES ABUS.

Bonis nocet quisquis pepercit malis.
PUBLIUS SYRUS.

PAR H. FILLEAU,

Ancien Procureur du Roi à la sénéchaussée présidiale de Poitou, ex-Député suppléant à l'Assemblée constituante, aujourd'hui Conseiller à la Cour royale de Poitiers, Chevalier de la Légion-d'Honneur, Membre du Conseil général du département de la Vienne, de la Société d'agriculture, et de l'Assemblée consultative sur le Code rural, lors de la réunion ordonnée par le Roi en 1817.

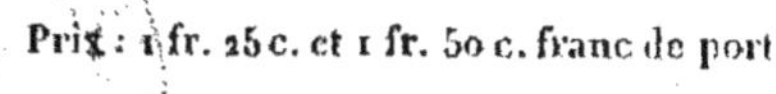

Prix : 1 fr. 25 c. et 1 fr. 50 c. franc de port.

A PARIS,

CHEZ MADAME HUZARD (NÉE VALLAT LA CHAPELLE),
LIBRAIRE,
Rue de l'Éperon Saint-André-des-Arts , n°. 7.

1827.

DU

DROIT DE MOUTURE

PERÇU PAR LES MEUNIERS;

MOYENS D'EN RÉPRIMER LES ABUS.

———

Le vœu d'un *Code rural* émis à toutes les réunions des Conseils généraux de département, m'avait fait espérer de le voir, chaque année, présenter aux Chambres : tel est le motif qui m'a empêché jusqu'à ce moment de signaler un abus dont la durée est un fléau qui frappe journellement sur tous les Français, et qu'il est à croire que quelques-unes de ses dispositions feront cesser ; mais la présentation de ce code de lois pouvant encore être retardée, je me reprocherais de garder un plus long silence. Je me trouverai heureux si mes réflexions peuvent au moins conduire à quelque amélioration *sur la police des moulins,* dont tous les réglemens anciens et modernes semblent être aujourd'hui tombés en désuétude.

L'abus dont je vais rendre compte atteint également et le riche et le pauvre ; mais il pèse plus directement encore sur les gens de la campagne, sur les classes industrielles et sur ceux qui vivent du travail de leurs mains, auxquels cet abus enlève une partie de la subsistance : c'est donc plus particulièrement aux habitans des départemens que je crois devoir m'adresser, l'exécution des réglemens de police ayant, en général, été surveillée avec plus d'exactitude dans la capitale du royaume.

En déroulant l'affligeant tableau du *trop perçu* journalier commis par *les meuniers sur le droit de mouture*, je rappellerai ce que nos lois avaient statué sur ce droit depuis 1350 jusqu'en 1789, ce qui fut décrété à cet égard en 1793 et 1794, et ce qui, depuis, a été proposé dans le projet de *Code rural*, pour arrêter enfin les suites d'une cupidité coupable. J'y joindrai quelques réflexions et des calculs qui, j'ose l'espérer, convaincront les plus incrédules de toute la profondeur de la plaie que j'ai entrepris de sonder.

Je démontrerai par mes calculs combien de millions *cette prévarication* coûte annuellement aux consommateurs. On concevra facilement que le *droit de mouture* étant perçu en nature dans la plus grande partie du royaume, les *meuniers* doivent nécessairement *spéculer* sur les malheurs publics, puisque la hausse du prix des grains dans les années de disette augmente progressivement leurs profits illicites sans accroître leur travail, et de fort peu leurs dépenses. Je donnerai le tableau de la somme qu'ils enlèvent ainsi illégitimement à chaque habitant, d'après le prix du froment porté depuis 10 fr. jusqu'à 30 fr. l'hectolitre. On voudra bien se rappeler que, dans les années désastreuses, il s'est vendu jusqu'à 40 et 50 fr.

L'urgence d'une loi sur un objet qui fait souffrir tant de malheureux est généralement sentie; car sur 30,000,000 de Français, 26,000,000 éprouvent plus ou moins de mésaise par le *trop perçu* des meuniers. Les pères de famille sont ainsi privés non-seulement de leur aisance journalière, mais encore des petites économies qu'ils auraient pu faire après avoir consacré leur vie à de longs et pénibles travaux; ils gémissent, dans leur vieillesse, de la quantité de pain qu'a consommée leur nombreuse famille. La plupart des habitans des campagnes ne se nourrissent que de pain, et souvent même d'un pain grossier. Il est parmi eux des hommes exerçant certaines professions, tels que

les maçons , les bûcherons , les scieurs de long,
les pionniers , qui en consomment jusqu'à 4 et
5 livres par jour: Ces hommes laborieux sont
les victimes les plus maltraitées par cette espèce de prélèvement sur leur subsistance , et
qui est triplé et même quintuplé lors de la
cherté des grains.

A des époques très-reculées , les exactions
multipliées commises par les meuniers fixèrent
l'attention de nos souverains , et les détermi-
nèrent à prononcer contre eux des peines sévères. Ils réglèrent les droits de mouture de
telle sorte qu'ils ne fussent pas trop onéreux
pour le peuple , et qu'ils procurassent un revenu raisonnable aux propriétaires des moulins. Ce genre de propriété était, à cette époque, presque entièrement possédé par les sei-
gneurs laïques et ecclésiastiques; ils n'élevèrent
aucune plainte sur des lois qui arrêtaient les
déprédations de leurs meuniers. Nos anciennes
Coutumes avaient également fixé leur droit, et
l'on verra que la plupart n'accordaient que la
16e. partie, quelques-unes seulement la 20e.,
et d'autres la 24e.

Le roi Jean, par son ordonnance du 30 janvier 1350, fixa le droit de mouture pour Paris
à un *boisseau ras* par setier. Le setier étant de

12 boisseaux, il accordait le 12°. ; mais ce monarque, d'après les plaintes qui lui avaient été portées sur le peu de fidélité des meuniers, ordonna en même temps qu'il serait établi des poids publics, où les grains seraient pesés avant de les leur livrer, et que les farines le seraient également avant d'être rendues au propriétaire.

Une ordonnance du prévôt de Paris, du 11 octobre 1382, sur la police et discipline des meuniers, littéralement copiée sur celle de 1350, mais un peu plus étendue, est plus favorable aux consommateurs. Une expérience de 30 années fut le motif de cette ordonnance, qui, après avoir fixé, comme la précédente, le droit de mouture à la 12°. partie, ajoute que celui qui fait moudre *sera libre* de payer le meunier en nature ou en argent, *à son choix*, et qu'alors le meunier devra rendre 15 boisseaux de farine pour 12 de blé, et dans le cas où le propriétaire voudrait payer en nature, le meunier, après avoir perçu son droit, rendra 13 boisseaux de farine pour 12 de blé.

Les malheurs des temps avaient sans doute fait tomber en désuétude ces deux ordonnances ; car, le 2 juillet 1438, le Châtelet de Paris en rendit une nouvelle, par laquelle les meu-

niers étaient tenus de rendre pareil poids de farine que celui des grains qui leur avaient été
livrés, sous la déduction néanmoins de 2 livres
de déchet par setier pesant 240 livres.

Le roi Charles VII rendit aussi, en 1439, sur
cet objet important une ordonnance contenant les mêmes dispositions. Le 13 novembre
1546, nouvelle ordonnance du prévôt de Paris,
qui accorde au propriétaire du blé *la même liberté* de payer le droit de mouture *en nature* ou
en argent; elle fixe, ainsi que les précédentes, la
somme à payer par boisseau : celle-ci est nécessairement plus élevée que celle déterminée par
les réglemens antérieurs, à raison de l'augmentation du prix de cette denrée, mais toujours sous
la déduction de 2 livres par setier pour le déchet.

Lors de la tenue des États d'Orléans en
1560, le Tiers-État fit la demande formelle
que dorénavant les meuniers fussent payés en
argent de leur droit de mouture, et qu'ils fussent contraints de *prendre le blé, et de rendre
la farine au poids ;* mais malgré que cette dis-
position eût été arrêtée, on a ignoré, jusqu'à
ce jour, par quelle fatalité il n'en fut pas question dans l'édit.

Ce droit, fixé au 12e. en faveur des meuniers
de la prévôté de Paris, est plus considérable,

(9)

comme je l'ai déjà observé, que celui qui leur
avait été accordé par nos anciennes *Coutumes*,
et qui variait en général de la 16ᵉ. à la 20ᵉ.
partie (1).

---

(1) La Coutume de Bretagne, art. 387, accordait le 16ᵉ.
—Celle de Saintonge, art. 7 et 9, *idem*. — Celle d'Angoumois, art. 31, *idem*. — Le Roy de Lozembrune dit
sur l'art. 55 de la Coutume de Boulonais, que le vrai salaire du meunier est la 16ᵉ. partie. — Au § xxvii de l'*Ancien Répertoire*, Vᵒ. *Meunier*, se trouve 1ᵒ. une ordonnance du roi Jean pour Grenade ; 2ᵒ. une autre de 1354
pour la ville de Joinville ; 3ᵉ. une autre de Charles V,
de 1366, pour Pontorson, qui fixe le droit du meunier
au 16ᵉ. — Basnage, sur l'article 210 de la Coutume de
Normandie, rapporte un arrêt de réglement du parlement
de Rouen, du 21 mars 1650, qui fixe ce droit au 16ᵉ. Ce
parlement avait dans tous les temps porté l'attention la
plus scrupuleuse au maintien des règles auxquelles les
meuniers sont assujettis. L'*Ancien Répertoire* cite divers
arrêts de réglemens de cette cour, de 1603, 1662 et 1724,
qui portent des peines très-sévères contre les meuniers qui
se permettraient quelques fraudes. — Ordonnance générale de police de la ville d'Angoulême, du 9 janvier 1724,
homologuée au parlement de Paris le 3 mai suivant, qui
fixe, suivant le texte de la Coutume, le droit du meunier
à la 16ᵉ. partie.

Le texte de celles que nous allons citer n'est pas aussi
clair ; mais sans doute, pour éviter les difficultés qui
pouvaient s'élever lors du mesurage, elles accordaient en

Il est donc bien prouvé qu'à l'exception des ordonnances rendues pour Paris, le droit de mouture était en général fixé à la 16ᵉ. partie; que
d'après le texte de ces ordonnances le *meunier* devait, après avoir *perçu son droit,* rendre 13 *bois-*

---

général au meunier le 16ᵉ. Nous prouverons cependant,
d'après une expérience faite à Poitiers que nous cite-
rons, qu'il ne revenait au meunier qu'environ le 17ᵉ.

La Coutume d'Anjou, art. 25, veut que le meunier, après
avoir perçu son droit, rende de 12 boisseaux ras de bon blé
sec et net 13 boisseaux combles de farine. — Celle de
Touraine, art. 14, *idem.* — Londunais, art. 10, *idem.*
— Blois, art. 240, *idem.* — Maine, art. 26, 14 pour 12.
— Poitou, art. 36, veut que d'un boisseau de blé ras le
meunier rende un boisseau comble de farine, droit perçu.
— La Marche, art. 313, *idem.* — Bourbonnais, art. 535,
idem. — Perche, art. 313, *idem.* — Nivernais, chap. 18,
art. 6, *idem.* — Les art. 36 et 37 de la Coutume du Poitou prescrivent de se servir d'un boisseau tiercier, *qui
doit avoir de profond le tiers de son large.* — Londunais,
art. 10, *idem.* — Touraine, art. 14, *idem.* — Anjou, article 25, *idem.* — Maine, art. 26, *idem.*

La Coutume de Bayonne, tit. 23, art. 2, accorde le 18ᵉ.
Quelques coutumes, dit l'*Encyclopédie,* V°. *Meunier,*
accordent seulement le 20ᵉ. — Celle de la Palisse fixe
ce droit au 24ᵉ. — Un arrêt du parlement de Dauphiné,
du 2 avril 1762, a aussi réglé ce droit au 24ᵉ. — Un autre
arrêt du même parlement, du 6 septembre 1776, pour
Valence, n'accorde également que la 24ᵉ. partie.

seaux combles de farine pour 12 *boisseaux ras* de bon blé-froment. C'est aussi la jurisprudence que l'auteur du *Dictionnaire universel de police* a établie dans le volume imprimé en 1789, où il traite des moulins. Il est également d'accord sur le principe que cette 16e. partie n'était due aux meuniers que lorsqu'ils allaient chercher la farine et la reporter ; car lorsque le grain était conduit au moulin et remporté par celui qui voulait le faire moudre, le droit n'était que *de moitié*, et par conséquent du 32e (1). Ainsi,

---

(1) L'article 34 de la Coutume du Poitou dit textuellement que le meunier est tenu d'aller chercher le blé et de retourner la farine à mesure ès-hôtels desdits hommes et sujets. Mais, d'après l'art. 39, le meunier n'était tenu à ce devoir que dans l'étendue de la banlieue, qui était de deux mille pas de cinq pieds chacun à prendre de la huche du moulin, et lorsque celui qui veut faire moudre apporte lui-même et remporte son blé, il ne doit payer que le 32e.

Nous croyons devoir faire observer ici que plusieurs coutumes n'étaient pas d'accord avec celle du Poitou sur l'étendue de la banlieue. Celle de Touraine, tit. 1, article 13 ; celle du Londunais, chap. 1er., art. 9 ; l'art. 22 de celle d'Anjou et 23 de celle du Maine, portent : Lieue de moulin doit contenir mille tours de roue, ladite roue de quinze pieds de tour, ce qui lui donne un tiers de longueur de plus qu'à la précédente. Les Coutumes de Sain-

dans le premier cas, si on donne un sac contenant juste 12 décalitres de froment, *le meunier honnête homme* ne pourra faire tenir dans le même sac la farine provenant de ces 12 décalitres, puisque lorsque son droit a été prélevé, il doit trouver 13 boisseaux combles au lieu de 12 ras; et la vérité est cependant que lorsqu'ils rendent la farine, le sac n'est jamais aussi rempli qu'il l'était avec le blé : aussi conviennent-ils franchement aujourd'hui qu'ils prennent le 12e. ou le 10e., et le peuple les accuse de prendre au moins le 8e.

---

tonge et d'Angoumois disent que la banlieue du moulin est d'une lieue de long, sans en déterminer la longueur. Celle de Bretagne porte textuellement, art. 3o3, que la banlieue est de cent vingt cordes, chaque corde de 120 pieds, ce qui fait 14,4oo pieds.

Le siége de Civray, en Poitou, régi par la Coutume de cette province, rendit, en conformité de cette loi municipale, une ordonnance de police, le 13 juillet 1787, qui fixe le droit des meuniers au 16e. lorsqu'ils iraient eux-mêmes chercher les grains et rendre la farine chez les particuliers, et au 32e. seulement lorsque les propriétaires porteront eux-mêmes le blé au moulin et iront y chercher leur farine. Cette ordonnance fut homologuée par le parlement de Paris le 7 août suivant.

M. le chevalier de La Broüe, chevalier de Saint-Louis,

Ce même volume du *Dictionnaire de police*, que j'ai cité, nous apprend encore, au mot *Moulin*, qu'il fut fait, en 1666, une grande réforme relativement aux *meuniers*, et que tous les intendans et magistrats furent consultés à cet égard. Je n'ai cependant rien trouvé qui indiquât qu'une mesure générale ait été prise à cette époque, ou depuis, pour faire cesser un genre d'escroquerie aussi accablant pour les peuples, et dont le Gouvernement paraissait cependant avoir reconnu la nécessité. On se sent

---

qui faisait valoir par lui-même, depuis quelques années, des moulins qu'il possédait à Chasseneuil près Poitiers, et qui ne percevait que le droit accordé au meunier par la Coutume, me certifia, le 18 janvier 1789, sur la demande que je lui en avais faite comme procureur du roi en la sénéchaussée de Poitiers, qu'il ne prenait que la 32e. partie du blé lorsque les habitans l'apportaient eux-mêmes à ses moulins.

M. Laurence, président de l'administration de l'hôpital de Poitiers, et depuis membre de l'Assemblée constituante, m'attesta à cette époque que l'hôpital ne percevait que la 24e. partie des grains que le public apportait moudre aux moulins de cet établissement. On remarquera que, malgré l'avantage que le peuple trouvait à faire moudre à ces moulins plutôt que chez un meunier, la perception du droit était trop forte d'un quart.

véritablement le cœur navré, en calculant par
aperçu combien de milliards ont été ainsi pré-
levés sur la subsistance des peuples depuis une
époque aussi éloignée. Puissent ces réflexions
être accueillies pour le soulagement de l'humanité! puissent-elles atteindre le but que je me
suis proposé, et attirer l'attention du Gouvernement et celle des Chambres sur un abus qui
coûte, chaque année, tant de millions à ma
patrie!

Il est difficile de concevoir par quelle fatalité
un objet aussi important pour toutes les classes
de la Société a échappé depuis plus de 3o ans à
l'attention des législateurs qui se sont occupés
de réformer nos anciennes lois. Il semblerait,
au contraire, que l'on a voulu ménager cette
classe, dont la soif immodérée du gain s'accroît
nécessairement en proportion de la hausse du
prix des blés; comme ils fournissent à crédit
quelques boisseaux de mauvaise farine aux habitans de la campagne, ils exercent une dangereuse influence sur leur crédulité, et servent
toujours d'auxiliaires aux accapareurs.

L'auteur du Résumé des cahiers remis à l'é-
poque des États-Généraux de 1789 aux députés
du Tiers-État, dit qu'il y a *unanimité* dans le
vœu de tous les bailliages pour que le droit de

mouture des *meuniers* soit perçu en argent, et qu'il soit fixé à raison du *poids* et non de la *mesure*. Les cahiers des bailliages de Paris et de Troyes se plaignaient amèrement des *vexations des meuniers* et en demandaient la répression.

Cette idée n'était pas nouvelle, quant à la pesée des grains et farines. J'ai cité l'ordonnance du roi Jean de 1350, où elle est consignée, ainsi que dans celles du prévôt de Paris et du Châtelet des années 1382, 1438, 1546. D'après ces réglemens, celui qui faisait moudre *était libre* de payer le droit *en argent* ou *en nature*. Mêmes dispositions dans celle du roi Charles VII, en 1439. Ce vœu, émis par les bailliages en 1789, était au reste, comme je l'ai remarqué, entièrement conforme à celui présenté par le Tiers-État aux États d'Orléans en 1560 (1).

---

(1) Jean Filleau, l'un de mes aïeux, conseiller du Roi dans les Conseils d'état privé et finances, chevalier de l'Ordre du Roi et son premier avocat en la sénéchaussée présidiale de Poitiers, mort doyen des docteurs régens en droit de toute la France, auteur d'un Commentaire estimé sur la Coutume du Poitou, imprimé pour la première fois depuis sa mort en 1683, dit sur l'article 36 : « Il serait à souhaiter que pour obvier aux tromperies or- » dinaires des meuniers, on observât l'ordonnance de » Charles VII de l'an 1439, qui permet de faire peser le

Je dois toutefois rappeler ici qu'à l'époque de douloureuse mémoire du *maximum*, la Convention rendit deux décrets réglementaires relativement aux *meuniers* : le premier, du 11 septembre 1793, ordonna (art. 15) qu'à compter dudit jour, les *meuniers* seraient payés en *monnaie courante* dans toute l'étendue de la République, et que le *maximum* du prix serait fixé par les administrations de département; le second, du 27 avril 1794, condamna en 1,000 livres d'amende ceux d'entre eux qui refuseraient d'être payés en monnaie courante, conformément à l'article précité, ou qui exigeraient une somme excédant le *maximum* fixé par les corps administratifs. MERLIN, parlant de ces deux décrets dans son *Nouveau Répertoire de Jurisprudence*, dit « que cette loi, fruit de circonstances difficiles, est tombée en désuétude. »

Ces décrets, qui faisaient revivre, pour le paiement des droits de mouture en argent, toutes les lois, ordonnances et demandes que j'ai citées, ont cessé, comme le dit Merlin, d'avoir

---

» blé ; qui veut que les meuniers rendent la farine au
» même poids, et qu'ils reçoivent leur rétribution en ar-
» gent. »

leur exécution à l'instant où la Convention a disparu. La majeure partie des anciens conventionnels furent cependant membres des Conseils qui lui ont succédé; mais il n'entrait pas dans leur plan de s'occuper d'une loi qui aurait soulagé la classe indigente d'un impôt aussi onéreux. Ils avaient, en effet, oublié ce principe éminemment monarchique, que le chef du Gouvernement doit tout faire pour le peuple, et rien par lui.

On trouve très-peu de chose sur cette matière dans les observations sur le *Code rural;* cependant MM. Deslandes, du département de la Sarthe, et de Perney, de celui de Seine-et-Oise, ont présenté l'un et l'autre des réflexions extrêmement judicieuses, qu'ils ont puisées dans les sources que j'ai précédemment indiquées. Ils les ont proposées en forme de réglement, article 729 et suivans, dans le 4e. volume du projet de *Code rural*, imprimé en 1814. Je les ferai connaître, et y ferai quelques additions que je crois indispensables pour mettre fin aux abus dont je demande, comme eux, la réforme avec instance.

Le *Manuel des Maires* impose à ces fonctionnaires l'obligation de vérifier fréquemment les mesures dont se servent les *meuniers* pour percevoir le droit de mouture. Puis il ajoute, « *il est utile d'observer que l'usage a réglé jusqu'à ce jour les droits de mouture.* » Il semblerait, d'après cet auteur, que la France n'avait, avant la révolution, aucune *loi de police* ni aucun *réglement* sur une matière aussi importante. Il paraît qu'il ignorait entièrement ce qui avait été réglé par la sagesse de nos Rois, les arrêts des cours souveraines, les ordonnances de police et les dispositions des Coutumes.

Le droit coutumier était la loi municipale qui régissait nos provinces à l'époque où chacune d'elles a été réunie à la Couronne par droit de conquête, de succession, d'accession, ou par des capitulations particulières. Lorsque ces réunions ont eu lieu, on promit que les lois, usages, coutumes et priviléges de chaque province seraient religieusement conservés. Cette multitude de coutumes, parmi lesquelles quelques-unes avaient des dispositions absolument opposées, offrait, en effet, une bigarrure extraordinaire dans un royaume aussi bien arrondi que la France. Les événemens qui se sont succédé depuis 1789 ont fait disparaître toutes ces différences. Je conviendrai que cette unité dans la législation empêche aujourd'hui une foule de procès ; mais combien ces changemens

ont-ils bouleversé de fortunes ! Combien d'es-
pérances fondées ont été déçues ! Combien
d'intérêts divers ont été froissés ! En remon-
tant avec nos historiens aux événemens qui
avaient aggloméré ces provinces à la France,
on se pénétrera des motifs qui avaient engagé
l'autorité royale à respecter scrupuleusement
ces diverses capitulations.

L'erreur de l'auteur du *Manuel des Maires*,
qui *prétend que l'usage* a réglé *jusqu'à ce jour
le droit des meuniers*, vient sans doute du silence de la Coutume de Paris sur la quotité de
ce droit ; mais avant de se prononcer d'une
manière aussi formelle, cet auteur aurait dû se
rappeler les ordonnances de nos rois, celles
du Prévôt de Paris et du Châtelet que nous
avons citées : elles avaient fixé le salaire dû aux
meuniers bien antérieurement à 1510, époque
à laquelle cette Coutume a été rédigée par écrit
pour la première fois, et à 1580, où elle a été
réformée.

Supposons, d'après le *Manuel des Maires*,
qu'il fallût s'en rapporter *à l'usage*, ce qui serait poser en principe qu'*un usage abusif, consacré par une longue suite d'infidélités, doit faire
loi*, et prescrire *contre l'intérêt général*.

Mais dans ce cas quels moyens pourrait-on

légalement employer pour constater cet usage?
Faudra-t-il nous ramener à ces temps reculés
des enquêtes par Turbes, et auraient-elles lieu
par arrondissement, par canton ou même par
commune ? Il s'élève à cet égard une grande
difficulté, c'est que tous ceux qu'on pourrait
consulter se trouvent intéressés à la chose, et
leur témoignage serait nécessairement suspect.
Si l'on s'adresse aux meuniers, ils diront que
bien des années avant la révolution ils percevaient le même droit qu'ils prennent aujour-
d'hui, et pour prouver leur longue possession,
ils rappelleraient cette foule d'ordonnances
rendues à diverses époques pour arrêter leurs
déprédations.

Si l'on invoque dans les campagnes, dans les
bourgs et les villages, la tradition des vieillards,
ils vous déclareront avoir toujours entendu dire
à leurs pères que le droit des meuniers ne doit
être, par exemple, que la 16e. partie, mais
qu'ils gardent ce qu'ils veulent, et que, comme
ils s'entendent tous, on ne sait auquel s'adresser pour être moins maltraité (1).

____

(1) Les fraudes commises, il y a environ deux siècles,
par les meuniers de l'île de Bouin avaient excité l'attention des juges du seigneur de cette île ; ils les avaient

Quelques jurisconsultes prétendent aussi que *ce droit est conventionnel, et qu'il doit être réglé par les mêmes principes que les autres conventions.* Cette opinion peut être le résultat de

---

poursuivis comme s'étant rendus coupables du *crime de vol.* Les meuniers, condamnés, se pourvurent par appel à la sénéchaussée de Poitiers. M. du Chatelier-Barlot, alors seigneur de cette châtellenie, indigné des exactions qu'ils avaient exercées envers les habitans de sa terre, reprit en 1644, en son propre et privé nom, l'instance contre eux, au lieu de son procureur fiscal alors décédé; et, d'après les poursuites de ce seigneur devant les juges de la sénéchaussée de Poitiers, il fut fait défense aux meuniers de prendre par chaque boisseau un droit plus élevé que la 16e. partie, sous les peines portées par la sentence, etc., et il leur fut enjoint d'avoir une mesure ajustée au cep ordinaire du seigneur de l'île de Bouin, et de se conformer aux articles 34, 35, 36, 37 et 66 de la Coutume du Poitou.

Un procès-verbal, dressé, le 3 janvier 1787, par les officiers de la justice de cette même île de Bouin, et que j'ai encore entre les mains, *constate* que les *meuniers* leur ont déclaré percevoir la 12e. partie; mais il résulte de ce même procès-verbal, parfaitement bien rédigé, qu'à l'égard des boulangers il existe une convention d'après laquelle ils font moudre leur blé à prix d'argent, et que ceux-ci ne leur paient pas la 20e. partie, tandis qu'ils perçoivent sur les malheureux habitans le quart et quelquefois même le tiers.

l'étude de plusieurs Coutumes des provinces septentrionales qui sont muettes sur ce salàire; mais j'observerai que les ordonnances de nos rois étaient des réglemens de haute police pour toute l'étendue du royaume, lorsque les Coutumes n'avaient pas de dispositions contraires.

En supposant que l'opinion présentée par ces jurisconsultes pût être admise, le résultat serait entièrement à l'avantage de l'homme riche, du gros consommateur, au détriment du pauvre, qui doit être mis plus particulièrement sous la sauvegarde des lois. Quelle convention pourrait faire en effet, avec son meunier, un malheureux père de famille presque toujours obligé, dans les saisons mortes, de solliciter sa bienveillance, pour obtenir à crédit quelques boisseaux de blé? Cet infortuné est à la merci de son créancier. Osera-t-il se plaindre à la justice du droit exorbitant perçu sur lui? Non sans doute, il perdrait son crédit; trop heureux même si cet homme n'exerçait pas contre lui des poursuites judiciaires pour être payé de ses avances!

L'homme riche, le gros consommateur se trouvera, au contraire, vis-à-vis de son meunier, à-peu-près dans la même position que

les boulangers; il pourra en quelque sorte faire
la loi à cet homme, qui aura intérêt à conserver
une bonne pratique. Ce propriétaire aisé ne
craindra pas la dépense des frais de poursuite
contre un meunier infidèle, ou qui n'aura pas
exécuté les conventions qu'ils ont stipulées ;
mais si le journalier, le laboureur, l'ouvrier
laborieux qui travaille dans une manufacture
est trompé, il fera bien condamner le meunier
pour sa friponnerie à une amende et à une
restitution ; mais celui-ci, plus à son aise, in-
terjettera appel de ce jugement, s'il y a lieu ; et
cet ouvrier, auquel le salaire de sa journée est
indispensable pour faire subsister sa femme et
sa famille, manquera de moyens pour se dé-
placer et aller plaider devant les tribunaux. Il
perdrait d'ailleurs un temps précieux à suivre
un procès, et ferait des frais qui tombent toujours en pure perte lors même que l'on obtient
justice. Ce sont les motifs qui avaient engagé nos
rois à faire des réglemens de police, d'après lesquels les contraventions commises par les meuniers, les boulangers, les bouchers, et contre
tous ceux qui troublent le bon ordre, la sûreté et
la tranquillité publiques, devaient être décidées
sans frais, par voie de simple police, ces sortes
de réglemens étant plus particulièrement les

protecteurs du pauvre contre ceux qui peuvent l'opprimer. Je crois, d'après cet exposé, que le *seul usage* que toutes les parties *peuvent invoquer*, est le résultat des dispositions prescrites par les anciens réglemens, parce qu'ils étaient également obligatoires pour les meuniers et les consommateurs.

Plusieurs ordonnances, réglemens et coutumes astreignaient aussi les meuniers à tenir leurs moulins à point rond; à faire usage du boisseau tiercier, et à avoir dans leurs moulins des balances pour peser les grains et farines (1).

Les officiers de la sénéchaussée de Poitiers, affligés des plaintes journalières qui leur étaient portées sur les déprédations *des meuniers*, rendirent, vers 1784, sur la réquisition de feu mon père, alors procureur du roi près ce siége, une ordonnance de haute police pour tout le ressort, et conforme au texte de notre Coutume. Cette ordonnance fut adressée au parlement de Paris pour y être homologuée; mais

____

(1) Coutume du Poitou, art. 37. — Coutume du Nivernais, chap. 18, art. 9. — Coutume de Touraine, article 15. — Coutume du Londunais, chap. 1er., art. 11.— Coutume de Bourbonnais, art. 537.—Coutume de Blois, art. 241.

malgré toutes les démarches que l'on fit auprès
de cette cour, elle garda le silence. Ayant succédé à mon père et recevant habituellement
de nouvelles plaintes contre cet abus, je crus
devoir tenter un moyen pour éclairer le Parlement, et obtenir enfin l'homologation de cette
ordonnance, rendue depuis quelques années,
et dont la non-exécution était une véritable ca-
lamité pour notre ressort.

J'écrivis en 1786 une circulaire à tous les
procureurs fiscaux du ressort de la sénéchaussée de Poitiers, qui s'étendait sur cinq cent
cinquante paroisses; et les invitai à requérir
les juges des lieux de dresser des procès-verbaux de tous les genres de friponnerie que se
permettaient les meuniers. Ce tableau terminé,
je l'adressai à la fin de 1788 à M. le procureur
général avec mes observations; et armé de ces
pièces dont je possède encore les originaux,
je sollicitai de nouveau avec instance cette homologation; mais les intérêts majeurs dont le
Parlement était alors occupé firent différer encore de statuer sur ma demande, et la révolution
a entièrement paralysé le succès que je me pro-
mettais de cette dernière démarche (1).

____

(1) Les difficultés qu'a éprouvées cette ordonnance

Il résulte des procès-verbaux dont j'ai les mi-
nutes que les meuniers des moulins, éloignés
seulement de quatre à cinq lieues de Poitiers,
et par conséquent plus rapprochés de leurs juges supérieurs, ont tous déclaré qu'ils ne percevaient que la 16ᵉ. partie; mais après que la

---

pour son homologation sont d'autant plus extraordi-
naires, que plusieurs autres ordonnances de police rendues sur cette matière par quelques-uns des siéges royaux
du Poitou, régis par la même Coutume, avaient été de
suite homologuées au parlement de Paris. Les dispositions de la Coutume du Poitou avaient force de loi dans
les treize cents paroisses ou environ qui ressortissaient
du présidial de Poitiers ; ce qui comprenait la presque
totalité des trois départemens de la Vienne, des Deux-Sè-
vres et de la Vendée , ainsi que beaucoup d'autres paroisses dans le Berry , la Marche et l'Angoumois, qui rele-
vaient aussi des sénéchaussées de Poitiers et de Montmo-
rillon. Il a paru extraordinaire que le parlement, après
avoir homologué sans difficulté , en faveur d'une partie
des siéges du Poitou, des ordonnances qui fixaient ce
droit à la 16ᵉ. partie, se refusât à homologuer celle rendue pour la grande sénéchaussée du Poitou. Voici la liste
de ces diverses ordonnances :

Ordonnance de la sénéchaussée de Châtellerault, de
1749, qui fixe le droit à la 16ᵉ. partie : elle fut homologuée au parlement le 21 août suivant.

Arrêt du parlement de Paris, du 16 juillet 1750, qui
ordonne aux officiers des sénéchausssées de Poitiers ,

circonférence de ce cercle s'est un peu étendue,
ils ont déclaré qu'ils prenaient le 14°.; un peu
plus loin le 12°., et enfin le 10°.

Il fut également constaté qu'un grand nombre
de moulins étaient tenus, conformément à l'article 37 de la Coutume, qui veut que les mou-

---

Châtellerault, Saint-Maixent, Niort, Fontenay, Mont-
morillon et Civray, toutes du ressort du présidial de Poitiers et toutes régies par la Coutume du Poitou, d'envoyer dans deux mois des certificats de la quotité à laquelle se percevait le droit de mouture, pour sur ce y
avoir réglement. Les certificats furent envoyés, et il n'y
a pas eu de réglement.

Ordonnance de la sénéchaussée de Civray, du 13 juillet 1787, qui fixe le salaire du meunier au 16e. Elle a été
homologuée sans difficulté au parlement le 16 août suivant.

Ordonnance de l'intendance de la généralité de Poitiers, du 10 juin 1750, rendue pour la sénéchaussée de
Saint-Maixent, en vertu d'une commission du Conseil.
L'art. 5 de cette ordonnance décide également que le
meunier percevra le 16e.

Ordonnance générale de police pour la ville et duché-
pairie de Thouars, du 14 juin 1752. La perception du
meunier est également fixée à la 16e. partie.

Ordonnance pour la ville et baronnie d'Argenton-
Château, du 22 décembre 1753. Elle accorde aux meuniers le même droit du 16e. Une partie de ces ordonnances sont rapportées dans le *Dictionnaire universel de
police* qui s'imprimait en 1789.

lins *soient à point rond.* Quelques-uns déclarè-
rent cependant qu'ils se contentaient de placer
des onglets dans les angles de leurs moulins,
pour empêcher la farine de s'y rassembler.

Cet article 37, conforme aux ordonnances de
nos rois et au droit coutumier de beaucoup
d'autres provinces, fut adopté, lors de la ré-
daction de la réformation de notre Coutume,
en 1559; car nos anciens coutumiers, imprimés
en 1485 et en 1514, gardent sur ce point un
silence absolu; mais les représentations faites à
l'assemblée nombreuse des différens ordres de
la province qui assistaient en personne à la réformation de 1559, furent accueillies sans aucune réclamation, et ce genre de fraude, que
commettaient les meuniers en tenant les moulins à point carré, fut solennellement proscrit.

On voit par cet exemple que nos lois coutu-
mières s'étaient successivement améliorées, et
que nos pères, guidés par l'expérience, travail-
lèrent à faire cesser quelques abus. C'est également
ment pour prévenir les difficultés qui naissaient
du mesurage de la farine, conformément à l'article 36 de la Coutume (1), que l'on est géné-

---

(1) *Texte.* « Le droit de moulange que peuvent prendre
» les meuniers est tel, que quand on leur baille bled net

ralement convenu, en Poitou, d'accorder au meunier le 16ᵉ.

Cependant les officiers de la sénéchaussée de Poitiers craignirent que, d'après les termes peu clairs de cet article 36, ils n'eussent commis une erreur au préjudice des meuniers et des propriétaires des moulins, en ne leur accordant que le 16ᵉ., et que ce ne fût un des motifs qui retardaient l'homologation de leur ordonnance. Ils crurent devoir éclairer leur religion sur la quotité du droit à percevoir, de manière à faire disparaître tous les doutes qui pourraient s'élever à cet égard. Pour y parvenir, ils nommèrent, en 1788, des commissaires, en les chargeant de faire faire sous leurs yeux toutes les opérations nécessaires pour s'assurer de la véritable quotité du droit à percevoir.

Le choix tomba sur M. le doyen de la compagnie et sur M. Nicolas, conseiller, aujour-

---

» et curé, ils doivent rendre pour un boisseau de bled
» raz, un boisseau comble de farine ; et de deux bois-
» seaux l'un de ladite farine une fois rempli, caché et
» pressé avec les deux mains mises en croix, et de rechef
» comblé ; et pour faire lesdites mesures, le boisseau
» doit avoir de parfond le tiers de son large, et l'outre
» plus doit seulement retenir le meunier. »

d'hui premier adjoint de la mairie de Poitiers,
Ces commissaires furent chargés de faire faire
en leur présence, aux moulins de l'hôpital, en
se conformant scrupuleusement au texte de la
Coutume, les diverses expériences qui pourraient faire connaître d'une manière précise
quelle est la rétribution due au meunier. Il ré-
sulta du rapport de MM. les commissaires que,
d'après les diverses opérations auxquelles ils
avaient assisté, le droit légitime du meunier
était un peu au-dessus de la 18e. partie, mais
qu'il n'allait pas tout-à-fait à la 17e.

Je m'empressai d'instruire M. le procureur
général de cette expérience, en sollicitant de
nouveau l'homologation de notre ordonnance,
et je démontrai à ce magistrat que ce réglement,
en accordant le 16e. au meunier, lui attribuait
un droit d'environ un 17e. plus fort que celui
fixé par le texte de la Coutume.

A cette même époque, c'est-à-dire vers la
fin de 1788, plusieurs curés du haut et bas
Poitou, profondément affligés de voir leurs
paroissiens continuellement trompés sur le droit
de mouture, me prévinrent qu'ils avaient
adressé à M. le procureur général du parlement de Paris un mémoire dans lequel ils lui pei-
gnaient l'état déplorable auquel les rapines des

meuniers réduisaient les habitans des campagnes, en se permettant de prendre arbitrairement, les uns la 10e., d'autres la 8e., et d'autres, enfin, jusqu'à la 6e. partie des grains qu'ils devaient faire moudre, suivant la distance où ils les allaient chercher. Ils sollicitaient avec instance le parlement d'ordonner l'exécution des articles de la Coutume, et qu'il fût défendu aux meuniers sous peine d'une punition sévère, de prendre plus de la 16e. partie. Je présume, comme je l'ai déjà fait observer, que la convocation des États-Généraux empêcha le parlement de statuer enfin sur des plaintes aussi fondées.

Plusieurs réglemens avaient astreint les *meuniers* à rendre la *farine au poids*, à établir dans leurs moulins des balances et à y avoir les poids nécessaires pour peser le blé et la farine; d'autres autorisaient les consommateurs à payer le droit en argent. Le Tiers-État fit même sur ce sujet une demande formelle aux États d'Orléans, article 94; mais comme nous l'avons déjà remarqué, il n'en fut pas question dans l'édit(1).

---

(1) Nous avons précédemment cité 1°. l'ordonnance du roi Jean, du 30 janvier 1350, qui veut que les blés soient donnés au poids et rendus de même, et accorde au meunier un boisseau par setier.

2°. Celle du prévôt de Paris, du 11 octobre 1382 ; elle

En rendant un compte exact des divers moyens
employés à Poitiers avant 1789, pour faire cesser

____

accorde aussi au meunier un boisseau par setier ; mais elle
permet de payer le droit en argent , et alors le meunier
doit rendre 15 boisseaux combles de farine pour 12 de
blé ; elle veut aussi que les blés et farines soient pesés.

3°. L'ordonnance du roi Charles VII , du 19 septembre 1439, qui a les mêmes dispositions.

4°. Les ordonnances du Châtelet de Paris, de 1438 et
de 1546 , qui prescrivent les mêmes choses , si ce n'est
qu'elles accordent au meunier 2 liv. par setier, pesant
240 liv. en compensation du déchet.

5°. Arrêt du parlement de Grenoble, du 6 mars 1629,
qui ordonne que chaque communauté de la province du
Dauphiné pourra faire mettre un poids dans chaque
moulin , auquel poids tous les grains et farines seront
pesés sans frais, pour sur iceux grains prendre par lesdits
meuniers en présence des maîtres desdits grains ou de
leurs domestiques les droits *anciens et accoutumés*, sans
excéder ni augmenter ladite cote. Voyez les deux arrêts
du même parlement cités à la fin de la note de la page 9.

6°. Arrêt du parlement de Paris, rendu le 12 mars 1630,
toutes les chambres assemblées ; il ordonne aux officiers
du Châtelet de pourvoir à la police , sur quoi ordonnance
du Châtelet est intervenue le 30 mars 1633, qui astreint
les meuniers à avoir chez eux des fléaux et balances pour
peser la farine.

7°. Arrêt du même parlement de Paris, du 22 juin 1639,
qui ordonne que dans chaque moulin il y aura des fléaux
pour peser les grains et farine.

les malversations dont le peuple était la victime, j'ai cru devoir rappeler en même temps les anciennes ordonnances et le droit coutumier sur la police des moulins ; je vais maintenant faire connaître le projet de réglement sur cette matière, que MM. *Deslandes*, de la Sarthe, et *Perney*, de Seine-et-Oise, ont présenté et qu'ils demandent qu'on insère dans le Code rural. Il ne me paraît pas douteux que ce projet, puisé dans les ordonnances et les coutumes dont je viens de parler, doive être accueilli avec d'autant plus de faveur, que toutes ces lois sur la police des moulins, n'ayant pas été abrogées par de nouvelles, il semble qu'elles devraient encore être entièrement en vigueur.

J'ose espérer que MM. *Deslandes* et *Perney* ne me sauront pas mauvais gré de quelques additions aux excellentes vues qu'ils ont présentées, et dont je regarde l'exécution comme l'unique moyen de mettre un frein *aux tromperies des meuniers.*

Projet de réglement inséré art. 729 *et suivans du projet du Code rural,* dressé en vertu d'autorisation de Son Excellence le Ministre de l'intérieur, par M. Verneilh, ancien préfet de la Corrèze et du Mont-Blanc.

Art. 1er. A dater du. . . . ., le droit de mouture ne sera plus perçu en nature, mais seulement en argent (1).

Art. 2. Les meuniers seront tenus d'établir dans chaque moulin, et à l'époque fixée par l'art. 1ᵉʳ., *des balances*, et de se pourvoir de poids suffisans pour peser un sac de blé (2).

Art. 3. Lorsque les habitans apporteront eux-mêmes leur grain au moulin, il sera pesé de suite en présence de celui qui l'a apporté; il lui sera délivré un récépissé du poids du blé qui aura été reçu, et il lui sera rendu le même poids en farine, sous la déduction d'une livre de déchet pour 100 livres de blé-froment. Lorsque les meuniers enverront chercher le blé, il sera également pesé chez ceux des habitans qui le leur donneront à moudre, et rendu au même poids sous la même déduction (3).

Art. 4. Il sera fait dans chaque arrondissement, par les sous-préfets et de l'avis des maires et des conseils des communes, un réglement pour déterminer la somme d'argent qui sera accordée pour le droit de mouture par

____

(1) Décret du 11 septembre 1793, art. 15. — Autre du 27 avril 1794.

(2) Voyez la note pag. 31 et même la note pag. 15.

3) Voyez la note pag. 31.

double décalitre de chaque espèce de grain. On fixera d'abord le droit qui sera dû par celui qui apportera lui-même son blé au moulin (1); ou calculera ensuite, à raison des distances, ce qui devra être alloué au meunier lorsqu'il ira le chercher chez les habitans, et qu'il leur rapportera la farine. Ce réglement pourra être renouvelé tous les cinq ans en prenant les mêmes avis.

Art. 5. Tout meunier qui, après l'époque déterminée par la loi, refusera de moudre le blé à prix d'argent, qui dénaturera ou qui placera la farine dans un lieu humide pour lui donner plus de poids, sera passible d'une amende depuis 5 francs jusqu'à 15 francs. Cette amende pourra être doublée en cas de récidive, et dans le cas où il continuerait cette espèce

---

(1) L'art. 34 de la Coutume du Poitou, en accordant au meunier le droit qui a été fixé à la 16e. partie, l'astreignait à aller chercher le blé et à rapporter la farine, ce qu'il était obligé de faire jusqu'à la distance de deux mille pas de 5 pieds autour de son moulin : c'était en Poitou l'étendue de la banlieue, d'après l'article 39 de la Coutume.

Voyez aussi, à la fin de la note pag. 31, l'ordonnance de police du siége de Civray, et même la note pag. 11, sur l'étendue de la banlieue dans d'autres Coutumes.

de malversation , les dispositions de l'art. 401 du *Code pénal* lui seront applicables.

Art. 6. Défenses seront faites aux meuniers d'avoir dans leurs moulins aucune issue , fausse cache ou réservoir propre à soustraire la farine. Ils seront tenus de donner aux ais qui entourent la meule une forme ronde sans aucun angle , et de les tenir clos et joints de manière à ce que la farine ne puisse s'échapper (1), le tout à peine d'une amende de 5o à 100 francs , et même d'un emprisonnement , qui ne pourra être de plus d'un mois ; et il sera alors ordonné que le tambour de leurs moulins sera refait à leurs frais.

Art. 7. La police et surveillance à exercer sur les moulins et sur les meuniers est attribuée aux maires; ils devront, en cas de plainte, poursuivre les meuniers, et les condamner aux peines portées par le réglement , sauf l'appel de la part des délinquans, lorsque la condamnation excédera la compétence des maires.

Je vais présenter sur les divers articles de ce projet de réglement quelques additions que je crois nécessaires, soit dans l'intérêt des meuniers et des propriétaires des moulins, soit

---

(1) Voyez ci-devant la note pag. 24.

dans celui des consommateurs leurs tributaires obligés; mais je dois préalablement faire observer que les auteurs du projet n'ont rien proposé sur le droit à accorder définitivement pour le salaire du meunier, ni sur quelle base on doit en déterminer la quotité, et s'il est dans les principes de la justice d'établir une règle géuérale et uniforme pour toute la France.

Il est à remarquer que le roi Jean fixa, en 1350, pour Paris, ce droit à la 12e. partie; que la Coutume de Bayonne n'accordait que la 18e., et que deux arrêts du parlement de Dauphiné, l'un du 2 avril 1762, et l'autre rendu pour Valence le 6 septembre 1776, accordaient seulement au meunier la 24e. Il se trouve ainsi une différence excessive entre ces deux extrêmes.

Le *Dictionnaire universel de police* dit qu'en général ce droit était de la 16e. partie; je crois aussi que c'était à cette quotité que ce droit était le plus généralement perçu (*voyez* la note pag. 9), et ce sera d'après cette base que j'établirai mes calculs.

Voici les réflexions que je crois devoir soumettre à mes lecteurs sur le projet présenté par MM. Deslandes et Perney.

L'art. 1er. m'offre le sujet d'une observation que je crois entièrement dans l'intérêt de la classe indigente ; elle consiste à laisser au propriétaire du blé, ainsi que le prescrivait l'ordonnance du Prévôt de Paris du 11 octobre 1382, la liberté de payer, A SON CHOIX, le droit du meunier *en argent* ou *en nature*. Il arrive très-souvent qu'un manœuvre, un journalier, l'ouvrier d'une manufacture, a entièrement employé l'argent qu'il possédait à acheter un ou deux doubles décalitres de blé. Dans cette position, il sera infiniment plus avantageux pour cet ouvrier de payer au meunier son droit en nature que de se mettre à sa merci en contractant vis-à-vis de lui une dette, quelque minime qu'elle soit. Ce manœuvre, n'étant point le débiteur du meunier, peut sans crainte porter ses plaintes à l'autorité, si celui-ci ne lui rend pas exactement le poids de sa farine, sous la déduction du droit fixé ; et sous celle d'une livre de déchet pour cent livres de blé, accordée pour l'évaporation : dans le cas contraire, oserait-il le faire ?

D'après cette remarque sur l'art. 1er., il est facile de pressentir que je suis convaincu que le moyen de la pesée proposé dans les art. 2 et 3 est indispensable pour prévenir une foule d'abus ; si le meunier est honnête homme, il ne peut s'en plaindre. Il sera cependant important de lui défendre de placer ses sacs de farine moulue dans un endroit humide, pour lui donner plus de poids, ainsi qu'il est prévu par l'art. 5.

Il est de toute justice, comme le propose l'art. 4, d'accorder au meunier un droit proportionnel, à raison des distances où il va chercher le blé et retourner la farine, comme, par exemple, du 16e. en nature ou de la valeur fixée en argent, jusqu'à l'extrémité d'une lieue de poste de 2,000 toises ou 4 kilomètres; et la moitié seulement ou le 32e., lorsque le consommateur apporte le blé à son moulin, et remporte la farine; le 14e. depuis une lieue jusqu'à l'extrémité de la deuxième, et le 12e. quelle que soit la distance au-delà de 8 kilomètres.

Il sera donc nécessaire lorsque les sous-préfets s'occuperont, d'après l'avis des maires et des conseils des communes, de la quotité à payer en argent ou en nature pour le salaire du meunier, qu'ils déterminent de suite, surtout pour les villages et hameaux éloignés des moulins, leur distance desdits moulins, d'après lesquels les meuniers auront droit au 16e., ou 14e. ou au 12e.; qu'ils en dressent procès-verbal, dont l'extrait sera déposé au secrétariat de chaque mairie, pour y avoir recours en cas de contestation.

Il sera également indispensable que dans la loi proposée il soit statué de suite sur un autre point important, sur lequel il est possible que les meuniers fassent quelques réclamations.

On sait que les habitans de la campagne font souvent du pain avec une mouture très-grossière, dans laquelle il entre peu ou presque pas de froment ou de seigle : alors la rétribution du meunier se trouve réduite à une mince valeur. Il sera donc nécessaire d'examiner si, dans tous les cas, le droit à percevoir, que je suppose toujours être du 16e., sera maintenu uniformément sur toute espèce de blé, ou s'il le sera lorsqu'il y aura, par exemple, moitié froment dans la mouture ou les deux tiers de seigle, et si, lorsqu'il y aura absence totale ou fort peu de ces premières espèces, il y aura augmentation dans le droit. Je ferai observer que si la rétribution du meunier était plus forte sur les orges, baillarges, etc., ce serait *au détriment du pauvre*, qui ne mange de ce pain grossier que parce qu'il ne peut pas faire autrement, et qu'aucune ordonnance, réglement ni coutume n'avaient établi de *distinction* à cet égard, les anciens législateurs ayant sans doute pensé que le profit du meunier sur le froment et le seigle était un dédommagement suffisant de la perte qu'il éprouvait sur la mouture des autres blés (1).

D'après les principes que je viens d'établir et pour se conformer à l'art. 4 du projet, les Commissions devront s'occuper d'un tarif qui fixe la rétribution à payer en numéraire suivant la variation dans le prix des blés, depuis, je suppose, 10 fr. l'hectolitre froment jusqu'à 25 ou 30 fr. Ce tarif établira aussi une base primitive pour l'hectolitre de seigle, ainsi que pour les moutures, ayant égard à la proportion des espèces de blés que l'on supposera entrer dans ce mélange. Il est à observer que ce tarif n'aura son exécution que lorsque le consommateur préférera payer au meunier son droit en argent; car il est juste que la rétribution en numéraire de celui-ci augmente ou diminue en proportion de la cherté des blés, puisque ses dépenses, sa nourriture, celle de sa famille et de ses domestiques, sont censées suivre la même

______

(1) Un arrêt du parlement de Bretagne, du 9 février 1735, rapporté dans l'*Ancien Répertoire de Jurisprudence*, V°. *Meunier*, ordonne que les moulins seront mis en état de moudre toutes sortes de grains, *s'ils ne le sont*. Cet arrêt annonce implicitement que le droit de mouture était le même pour toute espèce de blé.

variation ; le point important, et qui doit être le principal but de l'opération, c'est que le meunier perçoive justement ce qui lui est dû et rien de plus.

L'art. 5 paraît avoir prévu tous les cas.

Les peines prononcées contre les meuniers qui ne tiennent point leurs moulins à point rond, et dont il est fait mention dans l'art. 6, ne sauraient être trop sévères. Cette espèce de contravention est une source de friponneries incalculables, sur lesquelles la police doit exercer la surveillance la plus active. Toutes les anciennes lois sur cette matière et un grand nombre de coutumes ont sévèrement proscrit le point carré.

Ce ne serait pas assez d'avoir attribué aux maires la police sur les moulins de leurs communes, si ces fonctionnaires ou leurs adjoints ne faisaient pas de fréquentes visites dans les moulins pour s'assurer que les meuniers ne font avec le blé aucun mélange de fèves, de pois verts et autres graines. Ce genre de friponnerie est particulièrement mis en usage lors de la cherté des grains, et lorsqu'il existe une grande disproportion entre le prix des blés et celui des graines qu'on y substitue. Si le maire, lors de ses visites, s'aperçoit de quelque mélange de

cette espèce, il devra de suite en dresser procès-verbal, à moins toutefois que le meunier
ne puisse justifier que ces graines étrangères
lui ont été fournies par le propriétaire. Dans
le cas contraire, il est à désirer que les peines
portées contre les coupables d'un pareil délit
soient telles, que le meunier puisse être pour-
suivi d'office par le procureur du roi et traduit
à la police correctionnelle : alors les maires
adresseront de suite leur procès-verbal à ce
magistrat.

Il me semble qu'il est également nécessaire
que les maires des communes où il existe des
moulins fassent chaque année au sous-préfet
un rapport qui atteste le nombre des visites
qu'ils auront faites dans chaque moulin; si
quelques plaintes fondées ont été portées contre quelques-uns des meuniers, ils en donneront les noms et feront connaître les peines
auxquelles ils auront été condamnés; ils enverront aussi les noms de ceux qui se sont stric-
tement conformés aux réglemens et ceux contre lesquels il n'aura été porté aucune plainte.
Les meuniers devront être flattés de ce témoignage honorable de bonne conduite.

Il est, je crois, indispensable d'attribuer aux
maires la police et la surveillance sur les mou-

lins, parce que ces fonctionnaires locaux peuvent, pour ainsi dire, à l'instant même du délit, vérifier les faits et prononcer la peine contre le coupable. C'est un moyen d'éviter aux habitans des campagnes des déplacemens toujours dispendieux.

Les auteurs du projet de réglement ont cependant oublié un article très-important, puisé dans nos lois anciennes et que je propose d'insérer à la suite du projet.

Art. 7. Les blés de quelque espèce et nature qu'ils soient seront moulus suivant l'ordre de leur arrivée au moulin, soit qu'ils aient été apportés par le consommateur ou par les garçons meuniers ; en cas de contravention, le meunier sera condamné à une amende de
et pourra en outre être passible de dommages-intérêts.

Le peu d'eau que, dans les grandes sécheresses , donnent quelquefois des rivières considérables, et les temps calmes qui empêchent souvent pendant plusieurs jours les moulins à vent de tourner, rendent indispensables les dispositions de cet article.

Les décrets de 1793 et de 1794 dont nous avons parlé et qui étaient, comme le dit Merlin, *des lois de circonstance*, sont les seuls où il soit question des salaires des meuniers, et dont ils ne déterminent pas la quotité : ainsi la législation nouvelle étant restée muette à cet égard, il semble, je le répète, que les anciens réglemens sur la police des moulins devraient encore être en vigueur ; mais comme il existait, dira-t-on, des différences notables dans le droit de mouture à percevoir, fixé, par exemple, par les ordonnances de nos rois, pour Paris ; les arrêts du parlement de Dauphiné, et les dispositions des diverses Coutumes, quelle marche pourrait-on suivre dans ce dédale pour qu'il y eût uniformité dans les décisions ? On peut répondre qu'il était des points capitaux sur lesquels l'ancienne législation était unanime, celle de la pesée des grains ; la tenue des moulins au point rond, etc.

Il n'y avait pas à la vérité uniformité sur le salaire attribué au meunier ; mais ce salaire doit-il être perçu arbitrairement ? Non sans doute, et c'est sur cet objet important qu'il est indispensable qu'il intervienne promptement un réglement.

Il a cependant été rendu par la Cour de cassation, le 11 avril 1817, un arrêt à l'égard *des meuniers*, rapporté au tome 18 de Sirey : nous croyons devoir le faire connaître, parce qu'il indique un moyen de réprimer leurs infidé-lités.

Deux boulangers avaient donné du blé à mou-dre au nommé Le Breton. Lors de la livraison des farines, l'un des boulangers refusa de payer le prix du droit de mouture, il soutenait que le meunier Le Breton avait détourné et soustrait une partie de la farine que le blé devait néces-sairement avoir produite. En conséquence, Le Breton fut traduit, sur les conclusions du Mi-nistère public, devant *le tribunal correctionnel de Rouen*, comme prévenu du délit prévu par l'article 408 du *Code pénal.*

Le Breton déclina la compétence du tribunal correctionnel ; mais son exception fut rejetée par la cour royale.

Il se pourvut devant la Cour de cassation, pré-tendant que le fait à lui imputé ne rentrait pas dans le cas prévu par l'article 408 du *Code pé-nal,* et ne caractérisait qu'une contestation com-merciale.

« Attendu, *a dit la Cour de cassation,* que, sous *la dénomination de marchandises* em-ployée dans cet article, sont nécessairement comprises les denrées, telles que les blés que reçoit *un meunier pour les moudre ;* les farines qui sont remises *à un boulanger pour faire du pain*, et généralement toutes autres matières pouvant être l'objet d'un travail quelconque ; que le meunier recevant du blé pour le moudre, moyennant salaire, si ce meunier détourne une partie de la farine qui en est provenue, il se rend coupable de l'abus de confiance prévu par l'article 408 du *Code pénal, parce qu'il détourne au préjudice du propriétaire une marchandise qui lui avait été confiée pour un travail salarié, à la charge de la représenter, etc.*, rejette le pourvoi. »

Je vais jeter maintenant un coup-d'œil sur la consommation approximative de pain que fait ou peut faire journellement chaque individu, et sur la quantité de blé qu'il est censé consommer dans le cours d'une année. Je calculerai ensuite, d'après ces données, quel est le résultat de l'impôt arbitraire que fait payer à chaque consommateur l'infidélité des meuniers, et à combien monte ou peut monter cette perception illégale.

L'Académie a fait autrefois, d'après les ordres du Gouvernement, des expériences sur la quantité de pain que pourrait produire une certaine quantité de farine. Il est résulté de son procès-verbal, dressé en 1784 et rapporté dans le *Dictionnaire universel de police* déjà cité, que

240 livres de farine, de quelque qualité qu'elle soit, doivent produire 315 et même 320 livres de pain, ou les $\frac{5}{6}$ en sus du poids de la farine; à quoi elle ajoute que le boulanger retirera un peu plus si la farine est bise, et si elle est convertie en pains de 6, 8 ou 12 livres, et que d'un autre côté il en obtiendra moins si les pains ne sont que d'une ou 2 livres.

Cette expérience de l'Académie, et d'autres citées par M. Perney, faites en 1761 en présence de M. le lieutenant-général de police de Paris, que je n'ai pas cru nécessaire de rapporter, ne parlent que de la quantité de pain que doit produire une certaine quantité de farine; elles ne peuvent, par conséquent, remplir le but que je me suis proposé. Pour y parvenir je dois faire connaître quelle est la quantité de farine que doit donner une certaine quantité de blé, et ce qui doit rester de farine propre à faire du pain après l'opération du blutage; mais cette quantité de farine non blutée est déjà connue, puisqu'en payant le droit de mouture en argent, le meunier doit rendre le même poids en farine que celui qu'il a reçu en blé, sous la déduction d'une livre par cent livres de blé pour l'évaporation (1).

---

(1) Je vais encore citer ici la lettre de M. le chevalier

Les officiers de la baronnie de Luçon firent, en 1772, une expérience sur les blés et farines, qui donna des résultats très-avantageux, et qui n'ont pu avoir lieu qu'en employant des blés de la première qualité (1). L'ordonnance de police

de la Broue, du 18 janvier 1789. (Voyez la note, p. 11). Il habitait alors sa campagne, et faisait valoir par ses domestiques ses moulins de Chasseneuil, près Poitiers. Il mettait un soin tout particulier à les surveiller, afin d'empêcher que les habitans ne fussent trompés sur le droit à percevoir. Il me fit observer que l'évaporation variait suivant la qualité du blé, et suivant l'*habileté* et la *moralité* du farinier. Lorsqu'il est *honnête homme*, elle ne va guère au-delà d'une demi-livre par cent livres de blé, ce qui augmente en proportion de ce que cet homme apporte moins de soins à son travail. Il me donnait aussi pour certain qu'en général l'évaporation du bon blé-froment ne va pas à plus d'une livre par 100 liv. ; mais elle est, m'ajoutait-il, incalculable avec du blé humide ou malpropre, et particulièrement lorsque la meule a été repiquée à neuf.

(1) Ce fut François-René-Remi Filleau, mon aïeul, alors procureur général au conseil supérieur de Poitiers, qui provoqua cette mesure. Lorsqu'il fut appelé à remplir ces fonctions, il était avocat du Roi honoraire au présidial de cette ville depuis dix-sept ans, et professeur en droit français en l'Université. L'expédition de ce procès-verbal lui fut expédiée en bonne forme ; je l'ai entre les mains.

qui règle le prix du pain d'après cette expérience rend compte du procès-verbal qui constate tous les détails de cette opération : elle eut lieu d'après une ordonnance du sénéchal de cette baronnie. Il fit inviter, pour être présens à cette expérience, les maires et échevins de la ville, ou, en leur absence, quatre autres officiers municipaux, deux députés du clergé, le curé de la paroisse, deux membres de la noblesse, le syndic des boulangers et deux députés de leur communauté.

On conviendra qu'il était impossible de donner plus de solennité à cette expérience et de prendre plus de précautions pour que le public pût être assuré de son exactitude. On fit moudre 240 livres de blé froment qui produisit, droit de mouture payé, 219 livres 8 onces de farine propre à faire deux espèces de pain (1). Cette

____

(1) L'opération qui eut lieu lorsque l'on fit moudre le blé ne me paraît pas aussi exacte que celles qui ont suivi. Le meunier ne devait prélever sur 240 liv. de blé que son 16e., équivalent à 15 liv. de blé, plus 2 liv. pour l'évaporation ; total, 17 liv. : ainsi il devait rendre 223 liv. pesant de farine, et il est constaté qu'il n'en a rendu que 219 liv. 8 onces ; il a donc perçu 3 liv. 8 onces de trop, ou bien, par son adresse, il a profité d'un prétendu déchet de 3 liv. 8 onces, qui ne lui est pas accordé.

farine, après avoir été blutée, donna 73 livres 15 onces de farine de première qualité, et 108 livres 7 onces de la seconde. La totalité de la farine propre à être convertie en pain fut donc de 182 livres 6 onces, et il y eut 36 livres une once de son. Ces trois quantités de farine et de son réunies formèrent un total de 218 livres 7 onces. Ainsi, dans le blutage de la farine il y eut encore une livre une once d'évaporation. Il paraît que l'on se servit de tamis, parce que sans doute on ne connaissait pas encore à Luçon l'usage des moulins à bluter. On ajouta à ces différentes espèces de farine une livre et demie de sel, ce qui produisit 102 livres de pain de la première qualité et 161 livres 13 onces de la seconde, total 263 livres 13 onces : par conséquent la totalité de la farine, prise en masse, donna en pain à-peu-près les mêmes résultats que l'opération faite par l'Académie en 1784.

Je dois cependant convenir que si, d'après l'expérience de l'Académie, faite sur 240 livres de farine, première qualité, et vulgairement appelée minot en Poitou, on a retiré 320 livres de pain, celle de Luçon n'a donné, sur la même quantité de farine, qu'environ une livre de pain de plus ; mais si, d'après l'expérience

de l'Académie, on en eût seulement obtenu
315 livres, il y aurait eu au moins 6 livres de
différence, ce qui serait déjà quelque chose. On
ne doit pas néanmoins être surpris si la masse
totale de la farine a produit une grande différence *sur la totalité du pain*, parce que la farine de seconde qualité, employée à Luçon pour
faire du pain de seconde qualité, donne proportionnellement une beaucoup plus grande
quantité de pain que celle de la première.

Les calculs dans lesquels je vais entrer ne
peuvent être considérés comme mathématique-
ment exacts, parce que la qualité des blés n'est
pas la même toutes les années, qu'elle varie
non-seulement de département à département,
mais même pour ainsi dire dans chaque canton,
suivant les qualités de la terre. On devra donc
considérer ces calculs comme un aperçu des es-
croqueries dont tous les consommateurs de
pain sont les victimes; mais, d'après les tableaux
que je donnerai du prix des grains, depuis 10 fr.
l'hectolitre jusqu'à 30 fr., il sera très-facile de
connaître de combien chaque individu ou chaque ménage est trompé, suivant le nombre de
personnes dont il est composé.

J'ai cru devoir évaluer le terme moyen de la
consommation de pain que font les gens de la

campagne, ceux des petites villes, gros bourgs et faubourgs des villes, à 2 livres par tête, et et j'évalue à 26,000,000 d'individus ceux qui font cette consommation. Je rappellerai qu'il est des professions qui exigent un fort travail, et que ceux qui les exercent consomment de 4 à 5 livres de pain par jour. Dans la moitié de la France, les cultivateurs vivent presque habituellement de pain et d'ail, et il en est peu qui ne consomment beaucoup plus de 2 livres de pain ; leur peu d'aisance les met rarement dans le cas d'ajouter de la bonne chère à leur nourriture journalière. Les enfans de 4 et 5 ans et au-dessous en font perdre beaucoup plus qu'ils n'en consomment. A l'égard des 4,000,000 de Français censés habiter l'intérieur des grandes villes, ils ne consomment guère qu'une livre et demie par tête. M. Perney ne porte en général la consommation du pain qu'à une livre et demie par individu, et d'après mon opinion elle est trop faible.

Je prendrai pour base de mes calculs l'expérience de Luçon, d'après laquelle 240 liv. de blé-froment ont donné 182 livres 6 onces de bonne farine propre à faire du pain, et qui, converties dans cet aliment de première nécessité, ont donné 263 livres 13 onces de pain de deux espèces.

Le double décalitre froment pèse, dans les très-bonnes années, 32 livres ; dans les années ordinaires, de 31 à 32 livres, et dans les années médiocres, de 30 à 31 livres : je prendrai pour terme moyen le poids de 31 livres, et par conséquent de 155 livres l'hectolitre. J'ai supposé que 2 livres de pain étaient journellement consommées par les habitans de la campagne, ou 730 livres chaque année. Je vais maintenant chercher combien il faut de doubles décalitres froment pour faire 730 livres de pain : une simple règle de proportion résoudra ce problème.

D'après le calcul que je vais présenter, 4 hectolitres 3 décalitres de blé-froment, ou 43 décalitres, donnent 735 livres 4 onces de pain : ainsi, 730 livres, légère différence sur une aussi grande quantité, sont censées, chaque année, être nécessaires à la consommation habituelle de 26,000,000 d'individus (1).

____

(1) D'après l'expérience faite à Luçon, 240 liv. de blé-froment ont donné 182 liv. 6 onces de farine propre à faire deux espèces de pain ; savoir, 102 liv. de première qualité et 161 liv. 13 onces de la seconde : total, 263 liv. 13 onces.

Voyons, d'après cette expérience, ce qu'un hectolitre froment pesant 155 liv. doit donner de farine et de pain ,

Il me reste maintenant à démontrer à quelle somme se monte par personne le trop perçu du meunier, et quelle est, au total, celle qu'ils perçoivent ainsi illégalement dans le

---

et combien, d'après cette base, il faut de blé à un homme pour sa nourriture annuelle, à 2 liv. de pain par jour.

240 ℔ blé-froment : 182 ℔ 6 onces de farine :: 155 ℔ poids d'un hectolitre : $x = \dfrac{182\,℔\,6°. \times 155}{240} = 117\,℔\,12°.\tfrac{1}{4}$ de farine propre à faire deux espèces de pain.

182 ℔ 6 onc. farine : 263 ℔ 13 onc. pain :: 117 ℔. 12 onc. $\tfrac{1}{4}$ farine : $x = \dfrac{263\,℔\,13° \times 117\,℔\,12°\,\tfrac{1}{2}}{182\,℔\,6°.} = 171\,℔$ de pain.

Ainsi, dans la proportion de l'expérience faite à Luçon, l'hectolitre pesant 155 a donné 117 liv. 12 onc. $\tfrac{1}{2}$ de farine et 171 liv. de pain.

Cherchons maintenant quelle est la quantité de blé nécessaire pour faire 730 liv. de pain.

$$
\begin{array}{l}
\text{171 liv. de pain, produit d'un hectolitre,} \\
\times\, 4 \\
\hline
\text{684 liv., produit de 4 hectolitres,} \\
\text{34 liv. 3 onces, produit d'un d. décalitre,} \\
\text{17 liv. 1 once} \tfrac{1}{2}\text{, produit d'un décalitre,} \\
\hline
\text{735 liv. 4 onces} \tfrac{1}{2}
\end{array}
$$

de pain, dépassant de très-peu de chose les 730 liv. calculées pour la nourriture de chaque individu. D'où il résulte que chacun est censé consommer 43 décalitres de blé ou 21 doubles décalitres et demi.

cours d'une année; pour y parvenir d'une manière sensible, je vais donner un tableau du prix du blé depuis 10 francs l'hectolitre jusqu'à 3o francs, et j'établirai le droit du meunier à la 16e. partie.

A 2 fr. le double décalitre ou 10 fr. l'hectolitre.

Trop perçu chaque année par les meuniers au détriment de 26,000,000 d'h.

Le droit du meunier au 16e. est, par double décalitre, de 12 c. 1/2, par an 2 fr. 68 c. 3/4 sur 43 décalitres.

S'il perçoit le 14e., il recevra dans l'année 3 fr. 7 c. 2/7, et en trop 38 c. 17/28.. 10,106,425 f.

Si c'est le 12e., il recevra 3 fr. 58 c. 1/3 par tête, et en trop 89 c. 5/12 23,248,233

S'il prend le 10e., il aura 4 fr. 3o c., et en trop 1 fr. 68 c. 1/4 41,925,000

A 2 fr. 5o c. le double décalitre ou 12 fr. 5o c. l'hec-tolitre.

A la 16e. partie, le meunier recevra 15 c. 5/8 par double décalitre, et par an 3 fr. 35 c. 104/112.

S'il perçoit au 14e., il aura par an 3 fr. 83 c. 105/112, et en trop 48 c., fraction négligée.. 12,480,000

Si c'est la 12e. partie, il recevra 4 fr. 47 c. 11/12, et en trop 1 fr. 12 c. 3/4. 29,115,000

S'il reçoit le 10e., il prendra 5 fr. 57 c. 1/2, et aura en trop 2 fr. 1 c. 7/15 52,581,333

A 3 fr. le double décalitre ou à 15 fr. l'hectolitre.

Trop perçu chaque année, etc.

Son droit à la 16e. partie est par double décalitre de 18 c. 3/4, et par an de 4 fr. 3 c. 1/2.

Au 14e., il perçoit 4 fr. 60 c. 1/7, et en trop par année 57 c. 5/14   14,712,857

Au 12e., il reçoit 5 fr. 37 c. 1/2, et en trop 1 fr. 34 3/4   35,035,000

Au 10e., il prendra 6 fr. 45 c., et percevra en trop 2 fr. 41 c. 1/2   62,673,000

A 3 fr. 50 c. le double décalitre ou 17 f. 50 c. l'hectolitre.

Au 16e., il revient au meunier 21 c. 7/8 par double décalitre, et par an 4 fr. 70 c. 5/16.

S'il reçoit au 14e., il aura 5 fr. 37 c. 1/2, et en trop 67 c. 3/16   17,468,750

Au 12e., il percevra 6 fr. 27 c. 1/12, et en trop 1 fr. 56 c. 3/16   40,608,750

S'il prend le 10e., il aura 7 fr. 52 c. 1/2, et en trop 2 fr. 82 c. 3/16   73,368,750

A 4 fr. le double décalitre ou 20 fr. l'hectolitre.

Le droit du meunier au 16e. est de 25 c. par double décalitre, et par an de 5 fr. 37 c. 1/2.

S'il perçoit le 14e., il recevra 6 fr. 14 c. 1/7, et en trop 76 c. 3/4   20,212,850

Si c'est le 12e., il percevra 7 fr. 16 c. 2/3, et en trop 1 fr. 78 c. 5/6   46,496,666

Trop perçu, chaque année, etc.

S'il prend le 10e., il aura 8 fr. 60 c.,
et en trop 5 fr. 22 c. 1/2. 83,850,000

A 4 fr. 5o c. le double décalitre ou 22 fr. 5o c. l'hecto-
litre.

Le 16e. qui revient au meunier est de
28 c. 1/8 par doub. déc., et par an de 6 fr.
4 c. 11/16.

S'il prend le 14e., il recevra 6 f. 91 c. 1/14,
et en trop 86 c. 21/28. 22,555,000

Si c'est le 12e., il prendra 8 fr. 6 c. 1/3,
et en trop 2 fr. 1 c. 15/48. 52,341,251

S'il prend le 10e., il aura 9 fr. 67 c. 1/2,
et en trop 3 fr. 62 c. 3/16. 94,168,750

A 5 fr. le double décalitre ou 25 fr. l'hectolitre.

Son droit au 16e. est de 31 c. 1/4 par
doub. décalitre, et par an de 6 fr. 71 c. 7/8.

S'il prend le 14e, il percevra 7 fr. 67 c. 6/7,
et en trop 96 c. fraction négligée. 24,960,000

Si c'est le 12e., il aura 8 fr. 95 c. 5/6,
et en trop 2 fr. 23 c. 21/24. 58,230,000

S'il perçoit le 10e., il recevra 10 fr.
75 c., et en trop 4 fr. 3 c. 1/8. 104,762,666

A 5 fr. 5o c. le double décalitre ou 27 fr. 5o c. l'hecto-
litre.

Le 16e. du meunier est de 34 c. 3/8 par
double décal., et par an de 7 fr. 39 c. 1/16.

S'il prend le 14e., il aura 8 fr. 44 c. 9/14,
et en trop 1 fr. 5 c. 41/112. 27,301,504

Trop perçu, chaque année, etc.

Si c'est le 12e., il recevra 9 fr. 85 c. 5/12,
et en trop 2 fr. 45 c. 17/43..   63,826,046
S'il perçoit le 10e., il aura 11 fr. 82 c.
1/2, et en trop 4 fr. 42 c. 15/16..   115,163,750

A 6 fr. le double décalitre ou 30 fr. l'hectolitre.

Le 16e. dû au meunier sera par double
décalitre de 37 c. 1/2 et par an de 8 fr. 7 c.
S'il reçoit le 14e., il percevra 9 fr. 21 c.
3/7, et en trop par an 1 fr. 14 c. 5/7 . . .   29,425,714
S'il prend le 12e., il recevra 10 fr. 75 c.,
et en trop par an 2 fr. 68 c. 3/4   70,070,000
Si c'est le 10e., il percevra 12 fr. 90 c.,
et en trop par tête, 4 fr. 83 c.. . . . . . .   125.346,000

Je n'ai présenté mes calculs que sur 26,000,000
d'individus, ayant retranché de la population
évaluée à 30,000,000 les 4,000,000 que je suppose habiter les grandes villes et consommer au
plus 1 livre ½ de pain : c'est la classe la plus riche qui consomme le moins de cet aliment, et
qui par conséquent s'aperçoit peu de l'abus que
j'ai signalé. Il pèse également sur elle, et cette
consommation doit être calculée en dehors pour
un 9e. en sus sur la quantité de millions mal à
propos perçus dont j'ai donné le tableau. Je n'en
parle que pour mémoire, ces réflexions ayant
particulièrement pour but de chercher à soulager d'un aussi pesant fardeau les habitans de la

campagne, ainsi que la classe industrielle et indigente.

D'après ce tableau très-approximatif, s'il n'est pas parfaitement exact, chaque père de famille peut calculer d'après le prix du blé, en prenant toutefois la précaution de le peser avant de l'envoyer au moulin et à son retour, combien son meunier lui enlève ainsi illégitimement, et quelles ont été les sommes énormes dont il a profité pendant un grand nombre d'années de disette, où le froment a presque toujours été au-dessus de 4 francs le double décalitre, et dont le prix s'est même souvent élevé jusqu'à 8 et 10 francs. En le supposant à 4 francs, et le meunier prenant le 10e., il aura ainsi perçu tous les ans par tête 3 fr. 22 c. $\frac{1}{2}$ en trop, et dans un ménage de six personnes, il aura enlevé au père de famille 19 fr. 35 c. qui ne lui revenaient pas.

Après avoir démontré la perte qu'éprouve chaque individu par le trop perçu des meuniers, je vais faire connaître graduellement depuis 2 francs le double décalitre jusqu'à 6 francs, leurs profits illicites, et à quelle somme ils peuvent monter dans un moulin construit et situé de manière à pouvoir moudre facilement 5o doubles décalitres froment et au-delà dans vingt-quatre heures. Je suppose l'année de trois cent soixante jours seulement pour faciliter le calcul.

Un moulin qui peut moudre par jour 50 doubles décalitres à 2 francs le double décalitre donne au meunier, pour droit légitime perçu à la 16e. partie, 12 c. $\frac{1}{2}$ par double décalitre ; ce qui lui donne dans l'année un revenu de 2,250 francs.

Ainsi, à 2 fr. le double décalitre,

Le meunier qui percevra justement son droit au 16e. recevra par an. . . . . 2,250 f.

S'il perçoit le 14e., il recevra 2,571 fr. par an, et en trop 321

Si c'est au 12e., il recevra 3,000 fr. par année, et en trop. 750

S'il prend le 10e., il aura par an 3,600 fr., et percevra en trop. 1,350

A 3 francs le double décalitre.

Le meunier qui prélèvera la 16e. partie recevra chaque année 3,375

S'il prend la 14e., il recevra 3,857 fr., et en trop chaque année.. 472

Si c'est la 12e., il percevra 9,000 fr., et aura reçu illégitimement.. 1,125

S'il perçoit la 10e., il aura reçu dans l'année 5,400 fr., et en trop. 2,025

A 4 fr. le double décalitre.

En prenant seulement la 16e. partie , le meu-
nier recevra dans l'année. 4,500

En percevant la 14e. partie, il aura 5,142 fr.
dans l'année, et en trop. 642

S'il prend le 12e., il recevra dans l'année 6000
fr , et en trop. 1,500

Au 10e., il touchera par an 7,200 fr., et illégitimement. 2,700

A 5 fr. le double décalitre.

Le meunier prenant son droit au 16e., recevra
dans l'année. 5,625

Si c'est au 14e., il recevra 6,428, et aura reçu
en trop. 803

Si c'est le 12e., il percevra dans l'année 7,500
fr., et en trop. 1,875

S'il prend le 10e., il aura reçu dans l'année
9000 fr., et au-delà de son droit. 3,375

A 6 fr. le double décalitre.

Au 16e. , le droit légitime du meunier sera
dans l'année de 6,750

Au 14e., il recevra 7,714, et percevra en trop. 964

Au 12e., il aura reçu dans l'année 9000 fr., et
aura perçu en trop 2,250

Au 10e., il touchera, dans l'année, 10,800 fr., et
aura reçu illégalement. 4,050

Je n'ai pas voulu pousser mes calculs plus
haut que la perception du 10e; on assure cependant qu'il en est un grand nombre qui ne

se contentent pas encore d'un gain aussi énorme.
Ces faits sont constatés par les procès-verbaux
que j'ai cités et par les mémoires présentés par
MM. les curés du Haut et du Bas-Poitou au parlement de Paris.

Il résulte des détails dans lesquels je suis
entré que la profession du meunier, même le
plus honnête, doit tout naturellement l'entraîner à spéculer sur les malheurs publics, et à
voir avec plaisir une augmentation sur le prix
des grains. Nos anciens législateurs, pénétrés
de cette triste vérité, ont cherché à arrêter par
les lois et réglemens dont j'ai rendu compte les
friponneries de ceux qui percevaient un droit
illicite.

Cette espèce de larcin dont le bénéfice va
toujours en croissant dans les temps de disette
est celui de tous qui se commet avec le plus de
facilité ; et tel individu qui répugnerait à se
rendre coupable du vol le plus minime, étant
seul au fond de son moulin, livré à ses réflexions, se laisse insensiblement entraîner à la
dangereuse tentation de grossir son gain de
quelques mesures de blé qu'il puise dans le sac
confié à sa bonne foi. Heureux encore lorsque,
dans les années de cherté, il ne substitue pas des
graines à une partie de ce blé, et si son fari-

nier et ses autres garçons ne font pas aussi quelque prélèvement à leur profit ! Ces hommes ne sont plus aujourd'hui contenus par la sévérité d'aucune loi pénale, et ils se rendent ainsi coupables, sans aucune crainte, du crime le plus odieux, celui de dévorer une partie des alimens des hommes laborieux, dont le travail le plus pénible ou le plus assidu peut à peine suffire à leur subsistance et à celle de leur famille.

On pourra sans doute objecter que cette foule de lois rendues pour arrêter leur rapacité, attestent combien il est difficile de maintenir une police exacte vis-à-vis de cette classe avide de gain ; mais je répondrai que ces lois nombreuses attestent aussi les soins continuels de nos législateurs pour réprimer les diverses espèces de fraude employées par les meuniers.

Que d'actions de grâce seraient rendues aux auteurs d'une loi qui réduirait les meuniers à percevoir le droit de mouture à un taux raisonnable ! La justice la réclame ; l'humanité, dans ce siècle philantrope, la demande à grands cris, et plus particulièrement encore au nom de tous ceux qui vivent du fruit de leurs labeurs, tels que les cultivateurs, les journaliers, les ouvriers de toute espèce. Loin de moi l'idée de me plaindre des talens déployés à combattre l'esclavage, et à adoucir le sort des infortunés qui gémissent encore dans divers pays sous le poids de la servitude! Mais on a oublié que 26,000,000 de Français sont chaque jour les victimes d'un abus qui leur arrache une partie de leur nourriture, d'une escroquerie qui coûte chaque année tant de millions aux classes les plus pauvres ou les moins aisées. Si nos publicistes eussent eu connaissance des travaux habituels auxquels les habitans de nos campagnes se livrent pour gagner leur vie, et des pertes que cet abus leur fait éprouver journellement, ils en auraient présenté le tableau avec ces traits de feu qui portent la conviction, et nous jouirions depuis bien des années des bienfaits d'une loi aussi importante.

Les habitans des villes, qui ne fabriquent pas leur pain par eux-mêmes, sont plus particulièrement pressurés par les boulangers, dont les bénéfices s'augmentent aussi en proportion du surhaussement du prix des grains. Quelque vigilante que soit la police sur la fabrication, la cuisson et le poids du pain, il se trouve presque toujours plus léger de près de 2 onces par livre; c'est-à-dire qu'un pain censé être

de 16 onces n'en pèse que de 14 à 15; ou bien
s'il a son poids, il n'est pas assez cuit, et par
conséquent le poids de la livre n'est que de 14
à 15 onces chez la plus grande partie des boulangers (1).

---

(1) L'ordonnance du roi Charles VII, du 19 septembre 1439, porte que chacun des boulangers sera tenu
d'avoir à ses fenêtres des balances et poids pour peser
le pain, à peine d'amende arbitraire.

Le prévôt de Paris rendit en 1491 une sentence contre
les boulangers, pour ne s'être pas conformés aux réglemens, tant pour la qualité que pour le poids du pain, et
il les condamna à des peines corporelles. Ils se pourvurent en rémission auprès du Roi : l'arrêt du parlement
qui entérina ces lettres, leur enjoignit de se conformer dé-
sormais aux ordonnances, sous peine de punition corpo-
relle.

Un arrêt du parlement de Paris, du 16 juillet 1511,
ordonnait l'exécution de l'ordonnance du roi Charles VII,
de 1439. Il y a eu, depuis, plusieurs réglemens de police
pour différentes villes, et tous astreignaient les boulangers à cette mesure.

On trouve dans la dernière édition du *Dictionnaire universel de police* diverses sentences du Châtelet de Paris, des
27 juin, 3 août et 16 septembre 1742, qui condamnent à de
très-fortes amendes des boulangers pour avoir vendu des
pains d'un poids trop léger; comme, par exemple, un
pain de 4 liv., rassis, léger de 6 onces; un autre de 4 liv.,
tendre, léger d'une once; un de 6 liv., léger de 3 onces;

En supposant maintenant que le pain soit taxé 15 c. ou 3 s. la livre, poids de marc, la valeur d'une once sera d'un centime moins $\frac{1}{16}$. Si ce particulier consomme 2 livres de pain et que la livre ne soit que de 14 onces, il perdra 4 onces, et sa consommation journalière lui aura coûté 3 c. un quart en sus de ce qu'elle aurait dû être, et d'environ 12 fr. par an; si le pain pèse 15 onces, sa perte sera par jour d'un centime $\frac{3}{8}$ ou d'environ 6 fr. par an. Si le pain

---

un de 8 liv., léger de 4 onces; un autre de 8 liv., léger de 2 onces; des pains de 6 liv., légers d'un quarteron; d'autres de 8 liv., légers de 2 onces et demie chacun; un autre de 2 liv., léger d'une once, etc., etc.

Ce sont en général les pains de 2 liv., de 4 liv., de 8 l., de 12 liv. et de 16 liv. qui doivent peser régulièrement leur poids. A l'égard de ceux d'une livre, d'une demi-livre et d'un quarteron, comme il y a une évaporation plus considérable et proportionnellement plus de croûte, et plus de peines et de soins dans leur fabrication, la police y a égard, et passe quelque chose sur le poids de ces sortes de pains, généralement employés exclusivement à la table des personnes riches.

J'eusse rapporté une foule d'autres réglemens si je l'eusse cru nécessaire; mais la police de toutes les villes ayant en général exercé une continuelle surveillance sur les hommes de cette profession, j'ai imaginé qu'il était inutile d'entrer dans de plus longs détails.

est porté à un plus haut prix, la perte de ce consommateur sera plus considérable.

Dans un siècle où les sciences et les arts ont fait d'immenses progrès, où de nouvelles découvertes ont ajouté des moyens de communication inconnus jusqu'à nous entre les différentes parties du monde, et dont le perfectionnement doit nécessairement ouvrir de nouvelles sources de richesses à ceux qui se livreront aux spéculations commerciales, j'ai cru devoir présenter les moyens de soulager, dans l'intérieur de ma patrie, la misère de cette multitude de journaliers, de manœuvres, d'ouvriers, dont l'unique ressource pour eux et leur famille consiste dans le salaire de leur journée. En supposant que la famille d'un ouvrier soit seulement composée de sa femme et de trois enfans, si le meunier de cet infortuné perçoit le 10e. sur le blé qu'il consomme, il lui enlève injustement chaque année, au prix de 10 fr. l'hectolitre, 8 fr. 41 c. $\frac{1}{4}$, et à raison de 12 fr. 50 c., ce sera 10 fr. 7 c. $\frac{2}{15}$.

Cet homme n'est cependant taxé pour son impôt personnel qu'à raison de trois journées de travail. L'évaluation du prix de la journée varie pour chaque département, suivant la richesse du sol et de ses produits. Il est encore

différemment classé pour les chefs-lieux de département, d'arrondissement et pour les campagnes : d'après cela, le prix de cette journée
varie en France suivant les différentes localités
depuis 40 c. jusqu'à 1 fr. 50 c. L'impôt mobi-
lier varie aussi dans les campagnes suivant le
prix du loyer, depuis 30, 45, 75, 90 c., etc.
Il est facile de se convaincre d'après cet aperçu
que le meunier enlève par ses malversations
au simple journalier, dans les années où le
blé est au plus bas prix, suivant que sa famille
est plus ou moins nombreuse, le double ou le
triple de ce que ce manœuvre doit verser au
trésor de l'état. J'ose espérer qu'une loi sur
une matière aussi importante arrêtera promptement ces larcins journaliers. L'arrêt de la
Cour de cassation, du 11 avril 1817, n'est mal-
heureusement pas assez connu : j'ai rappelé ses
dispositions, parce qu'il indique une marche
qui peut au moins mettre un frein à la conduite
coupable des meuniers.

Le silence que nos législateurs ont gardé
depuis le commencement de nos troubles ci-
vils sur une matière aussi importante, ne
pourrait-il pas être considéré comme un décret de la divine Providence, qui aurait voulu
réserver à Charles X la gloire de soulager ses

peuples d'une taxe aussi énorme? Cet acte de justice, qui réduirait les meuniers à percevoir leur salaire à un taux raisonnable, diminuerait considérablement les charges qui pèsent particulièrement sur les classes industrielles et indigentes, et leur donnerait les moyens de payer plus facilement leur impôt. Ce bienfait, qui se rattache à l'intérêt de toute la population de ce royaume, serait un grand pas vers l'accomplissement du vœu formé par l'aïeul d'immortelle mémoire de Sa Majesté, celui de donner à tous ses sujets, même à ceux des campagnes, assez d'aisance pour pouvoir, au moins le dimanche, *manger la poule au pot.*

FIN.